따라 쓰기 시리즈 ⑤

따라 쓰기로 배우는
초등 바른 글씨

책읽는달

차례

글씨 쓰기 준비하기　　　　　　　　　　　　　　　　　　　　　　　　06

예쁘게 글씨 쓰기 어렵지 않아요
바른 자세와 연필 잡기
선 그으며 믿음직한 글씨 익히기
그림 그리며 부드러운 글씨 익히기
자음과 모음 배우기

바른 글씨체로 기본 글씨 연습하기

1단계. 자음과 모음 연습하며 바른 글씨 익히기　　　　　　　　　　　18

1. 자음 쓰기
2. 모음과 받침 쓰기

2단계. 교과서 낱말 쓰기　　　　　　　　　　　　　　　　　　　　　26

1. 받침이 없는 글자
2. 잠깐 쉬어가요: 재미로 풀어보는 수수께끼

3단계. 헷갈리는 맞춤법 따라 쓰며 글씨 익히기　　　　　　　　　　　34

1. 기준선에 맞게 맞춤법 쓰기
2. 글자선 따라 문장 쓰기

4단계. 속담으로 문장 따라 쓰기　　　　　　　　　　　　　　　　　42

1. 네모 칸에 쓰기
2. 줄에 쓰기

단정한 글씨체로 반듯한 글씨 연습하기

1단계. 자음과 모음 연습하며 단정한 글씨 익히기   54
1. 자음 쓰기
2. 모음과 받침 쓰기

2단계. 교과서 낱말 쓰기   62
1. 받침이 있는 글자
2. 잠깐 쉬어가요: 재미로 풀어보는 수수께끼

3단계. 헷갈리는 맞춤법 따라 쓰며 글씨 익히기   70
1. 기준선에 맞게 맞춤법 쓰기
2. 글자선 따라 문장 쓰기

4단계. 명언으로 문장 따라 쓰기   78
1. 공부에 관한 명언과 명문장
2. 인성에 관한 명언과 명문장

정답 보기   89

이 책의 구성 및 활용법

0단계
글씨 쓰기 준비하기

바른 자세와 연필을 잡는 법에 대해 배워요.
선을 긋고 예쁘게 그림을 그리며 손을 풀어요.

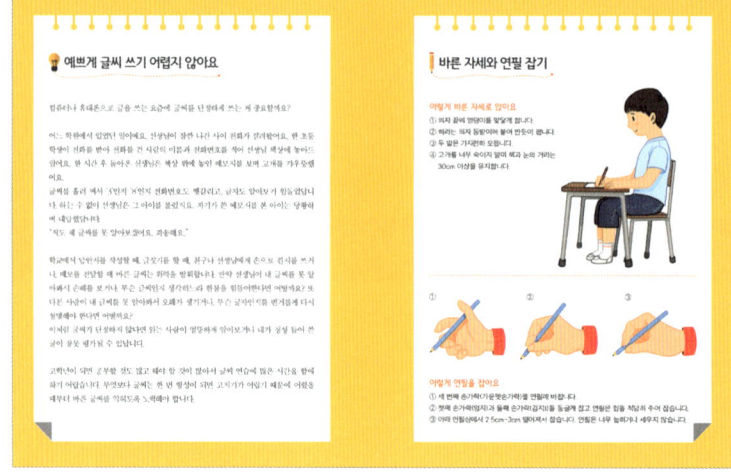

1단계
자음과 모음 연습하며
바른 글씨 익히기

먼저 자음과 모음을 따라 쓰며 연습하세요.
그 다음과 모음과 이중모음, 받침과 겹받침을 따라 써 보세요.

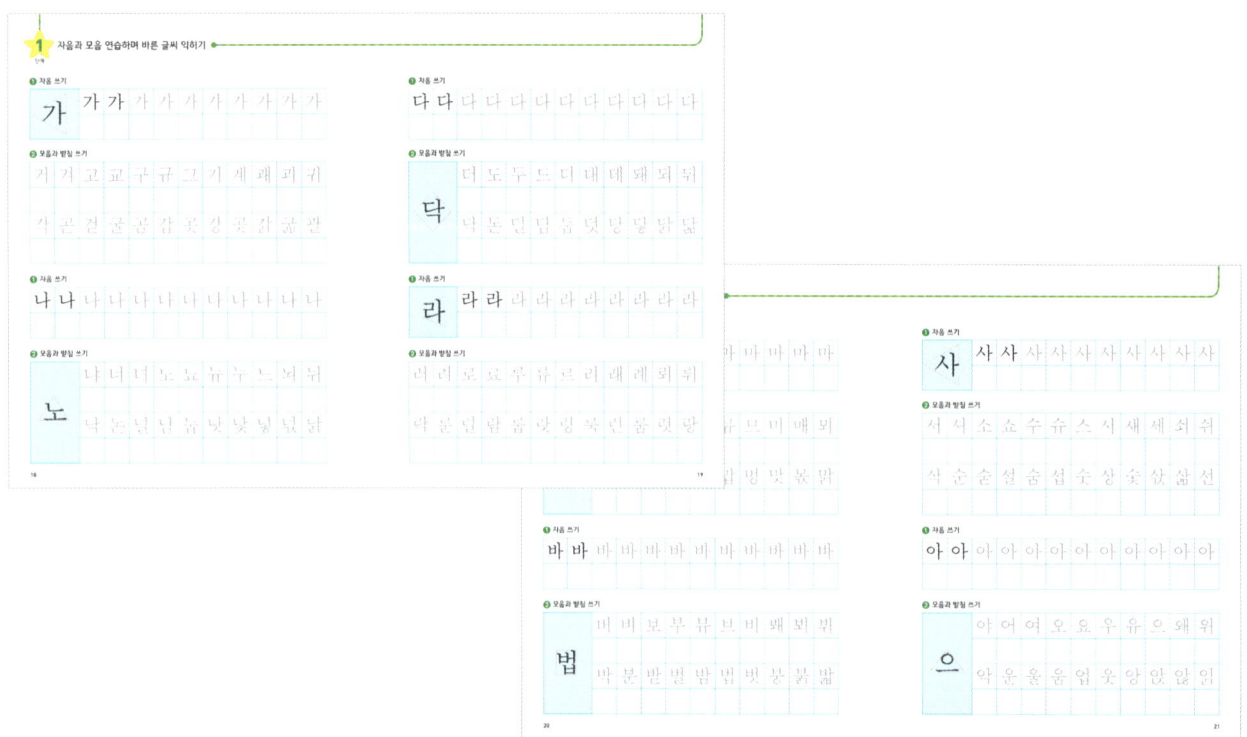

2단계
교과서 낱말 쓰기

앞부분에서는 기본 글씨체인 바른 글씨체를, 뒷부분에서는 반듯하면서 부드러운 글씨체인 단정한 글씨체를 연습할 수 있습니다. 마음에 드는 글씨체를 골라 자기만의 서체를 만들어 보세요.

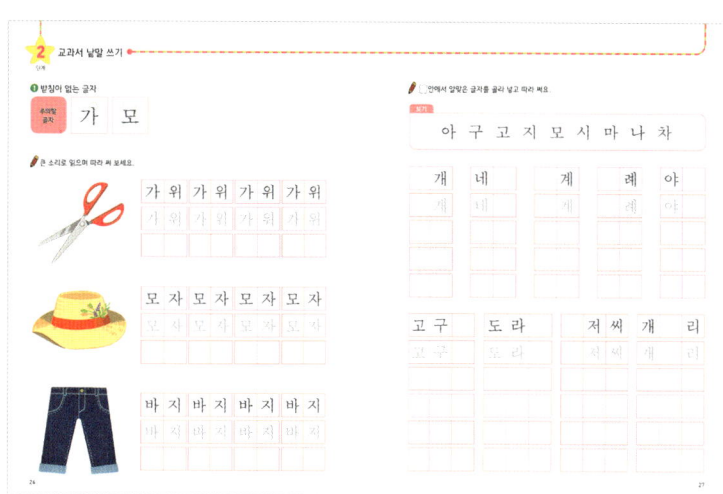

3단계
헷갈리는 맞춤법 따라 쓰며 글씨 익히기

먼저 네모 모양 기준선에 맞게 맞춤법 단어를 따라 써 보세요.
익숙해졌다면 글자선을 따라 문장을 따라 써요.

4단계
속담과 명언으로 문장 쓰기

학교 공부에 도움이 될 속담과 어린이가 따라 쓰면 좋은 명언과 명문장을 실었습니다.
의미 없는 문장의 따라 쓰기가 아닌 공부와 실생활에 도움이 될 보석같은 속담과 명언으로 구성했습니다.

연 / 습 / 단 / 계
글씨 쓰기 준비하기

예쁘게 글씨 쓰기 어렵지 않아요
바른 자세와 연필 잡기
선 그으며 믿음직한 글씨 익히기
그림 그리며 부드러운 글씨 익히기
자음과 모음 배우기

예쁘게 글씨 쓰기 어렵지 않아요

컴퓨터나 휴대폰으로 글을 쓰는 요즘에 글씨를 단정하게 쓰는 게 중요할까요?

어느 학원에서 있었던 일이에요. 선생님이 잠깐 나간 사이 전화가 걸려왔어요. 한 초등학생이 전화를 받아 전화를 건 사람의 이름과 전화번호를 적어 선생님 책상에 놓아드렸어요. 10분 후 돌아온 선생님은 책상 위에 놓인 메모지를 보며 고개를 갸우뚱했어요. 글씨를 흘려 써서 '3'인지 '8'인지 전화번호도 헷갈리고, 글자도 알아보기 힘들었답니다. 하는 수 없이 선생님은 그 아이를 불렀지요. 자기가 쓴 메모지를 본 아이는 당황하며 대답했답니다.
"저도 제 글씨를 못 알아보겠어요. 죄송해요."

학교에서 답안지를 작성할 때, 글짓기를 할 때, 친구나 선생님에게 손으로 편지를 쓰거나, 메모를 전달할 때 바른 글씨는 위력을 발휘합니다. 만약 선생님이 내 글씨를 못 알아봐서 손해를 보거나, 무슨 글씨인지 생각하느라 한참을 힘들어한다면 어떨까요? 또 다른 사람이 내 글씨를 못 알아봐서 오해가 생기거나, 무슨 글자인지를 번거롭게 다시 설명해야 한다면 어떨까요?
이처럼 글씨가 단정하지 않다면 읽는 사람이 엉뚱하게 알아보거나 내가 정성 들여 쓴 글이 잘못 평가될 수 있답니다.

고학년이 되면 공부할 것도 많고 해야 할 것이 많아서 글씨 연습에 많은 시간을 할애하기 어렵습니다. 무엇보다 글씨는 한 번 형성이 되면 고치기가 어렵기 때문에 어렸을 때부터 바른 글씨를 익히도록 노력해야 합니다.

바른 자세와 연필 잡기

이렇게 바른 자세로 앉아요

① 의자 끝에 엉덩이를 맞닿게 합니다.
② 허리는 의자 등받이에 붙여 반듯이 폅니다.
③ 두 발은 가지런히 모읍니다.
④ 고개를 너무 숙이지 말며 책과 눈의 거리는 30cm 이상을 유지합니다.

①
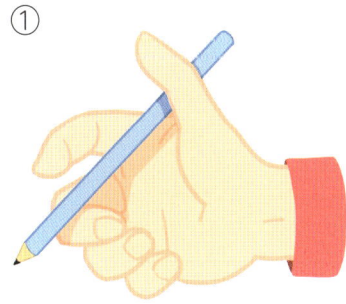

②
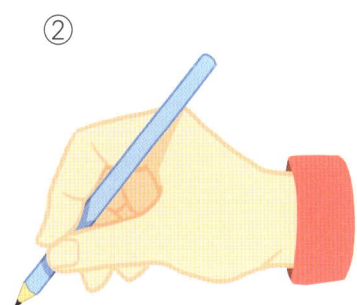

③
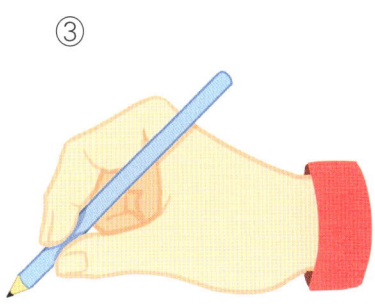

이렇게 연필을 잡아요

① 세 번째 손가락(가운뎃손가락)을 연필에 바칩니다.
② 첫째 손가락(엄지)과 둘째 손가락(검지)을 둥글게 잡고 연필은 힘을 적당히 주어 잡습니다.
③ 이때 연필심에서 2.5cm~3cm 떨어져서 잡습니다. 연필은 너무 눕히거나 세우지 않습니다.

 **선 그으며 믿음직한 글씨 익히기**

 그림 그리며 부드러운 글씨 익히기

동그라미 모양 그리기

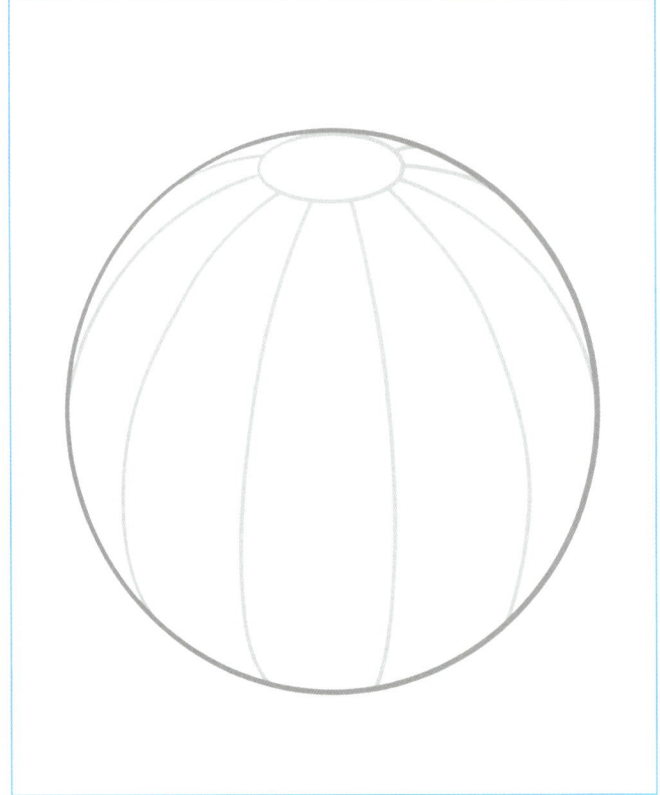

세모 모양 그리기

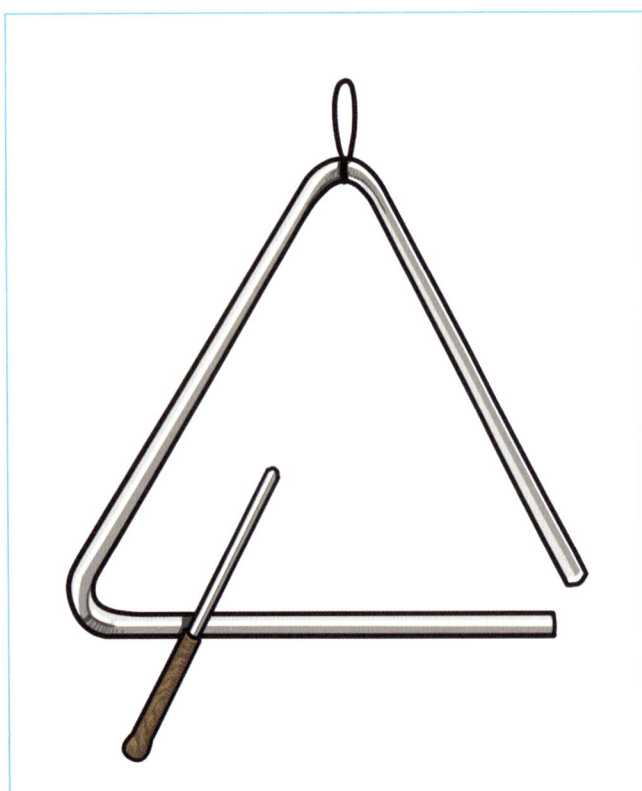
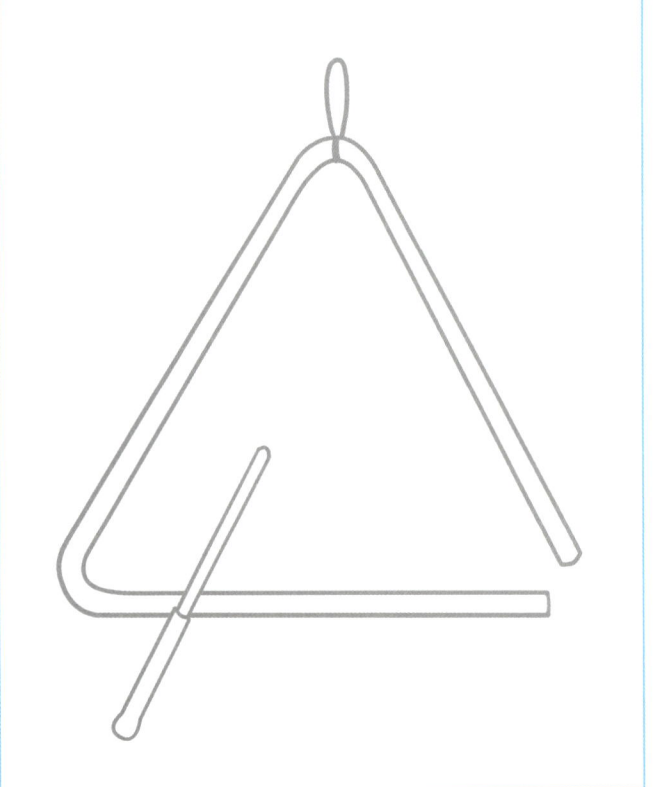

네모 모양 그리기

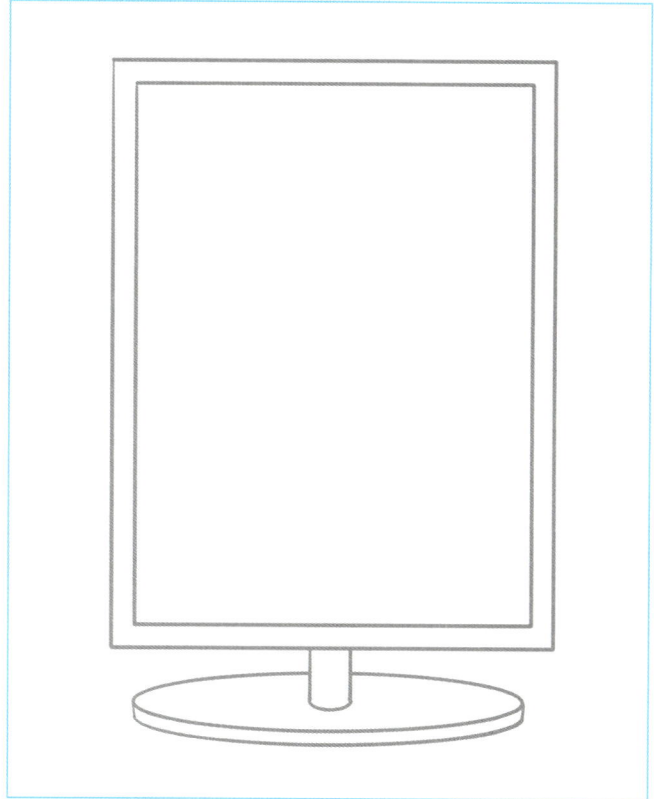

동그라미 모양 그리기

자음과 모음 배우기

자음 쓰기

한글에서 ㄱ, ㄴ, ㄷ, ㄹ, ㅁ, ㅂ, ㅅ, ㅇ, ㅈ, ㅊ, ㅋ, ㅌ, ㅍ, ㅎ 등을 자음이라고 합니다.

ㄱ	기역	ㄱ						
ㄴ	니은	ㄴ						
ㄷ	디귿	ㄷ						
ㄹ	리을	ㄹ						
ㅁ	미음	ㅁ						
ㅂ	비읍	ㅂ						
ㅅ	시옷	ㅅ						
ㅇ	이응	ㅇ						
ㅈ	지읒	ㅈ						
ㅊ	치읓	ㅊ						
ㅋ	키읔	ㅋ						
ㅌ	티읕	ㅌ						
ㅍ	피읖	ㅍ						
ㅎ	히읗	ㅎ						

모음 쓰기

한글에서 ㅏ, ㅑ, ㅓ, ㅕ, ㅗ, ㅛ, ㅜ, ㅠ, ㅡ, ㅣ를 모음이라고 합니다.

ㅏ	아	ㅏ							
ㅑ	야	ㅑ							
ㅓ	어	ㅓ							
ㅕ	여	ㅕ							
ㅗ	오	ㅗ							
ㅛ	요	ㅛ							
ㅜ	우	ㅜ							
ㅠ	유	ㅠ							
ㅡ	으	ㅡ							
ㅣ	이	ㅣ							

기 / 초 / 단 / 계
바른 글씨체로 기본 글씨 연습하기

1단계 자음과 모음 연습하며 바른 글씨 익히기
2단계 교과서 낱말 쓰기
3단계 헷갈리는 맞춤법 따라 쓰며 글씨 익히기
4단계 속담으로 문장 따라 쓰기

1단계 자음과 모음 연습하며 바른 글씨 익히기

❶ 자음 쓰기

| 가 | 가 | 가 | 가 | 가 | 가 | 가 | 가 | 가 | 가 | 가 |

❷ 모음과 받침 쓰기

| 거 | 겨 | 고 | 교 | 구 | 규 | 그 | 기 | 계 | 괘 | 괴 | 귀 |

| 각 | 곤 | 걷 | 굴 | 곰 | 갑 | 곳 | 강 | 곶 | 갃 | 굶 | 괄 |

❶ 자음 쓰기

| 나 | 나 | 나 | 나 | 나 | 나 | 나 | 나 | 나 | 나 | 나 |

❷ 모음과 받침 쓰기

| 노 | 냐 | 너 | 녀 | 노 | 뇨 | 뉴 | 누 | 느 | 뇌 | 뉘 |
| | 낙 | 논 | 널 | 남 | 눕 | 낫 | 낯 | 녕 | 넜 | 낡 |

① 자음 쓰기

② 모음과 받침 쓰기

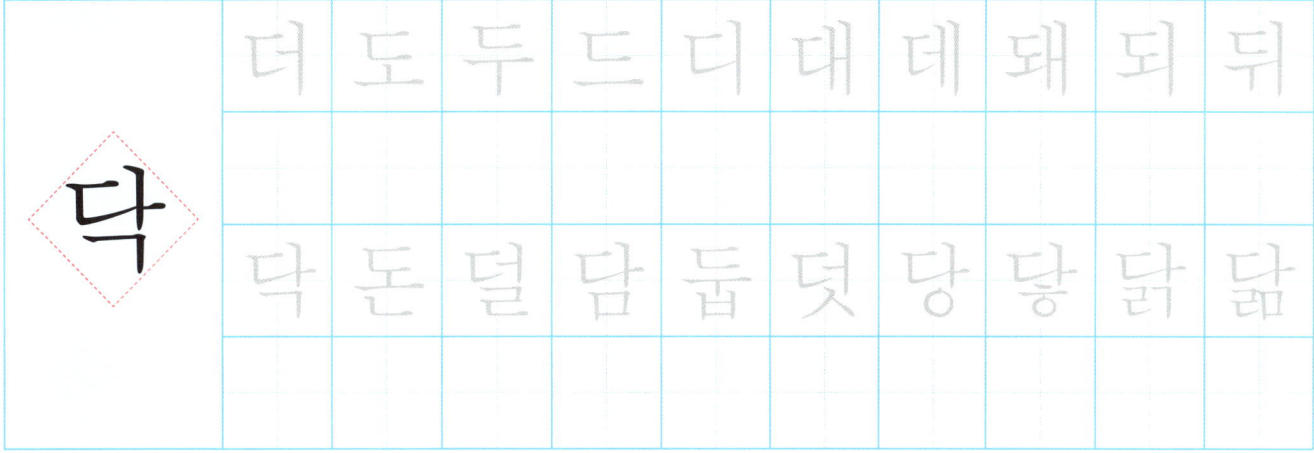

① 자음 쓰기

② 모음과 받침 쓰기

1단계 자음과 모음 연습하며 바른 글씨 익히기

❶ 자음 쓰기

| 마 | 마 | 마 | 마 | 마 | 마 | 마 | 마 | 마 | 마 | 마 |

❷ 모음과 받침 쓰기

무

| 머 | 며 | 모 | 묘 | 무 | 뮤 | 므 | 미 | 매 | 뫼 |
| 막 | 문 | 만 | 멸 | 뭄 | 맙 | 멍 | 맞 | 못 | 맑 |

❶ 자음 쓰기

| 바 | 바 | 바 | 바 | 바 | 바 | 바 | 바 | 바 | 바 | 바 |

❷ 모음과 받침 쓰기

법

| 버 | 벼 | 보 | 부 | 뷰 | 브 | 비 | 봬 | 뵈 | 뷔 |
| 박 | 분 | 반 | 벌 | 밤 | 법 | 벗 | 붕 | 붉 | 밟 |

❶ 자음 쓰기

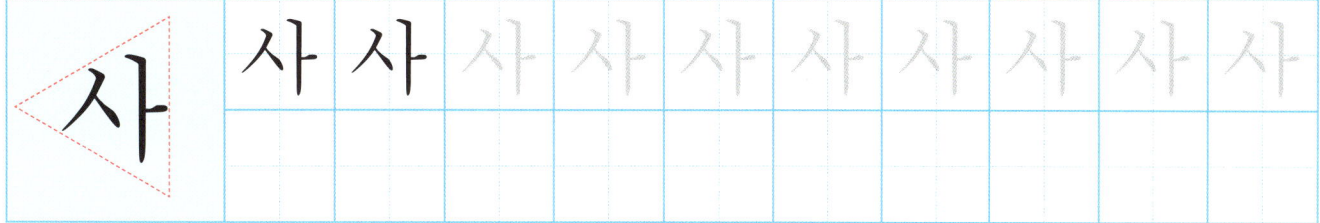

❷ 모음과 받침 쓰기

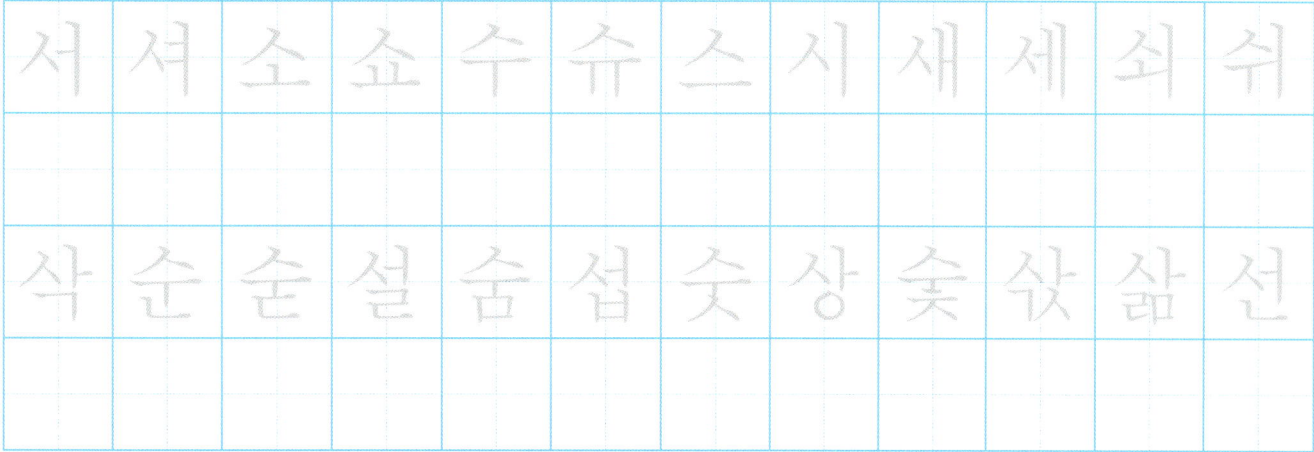

❶ 자음 쓰기

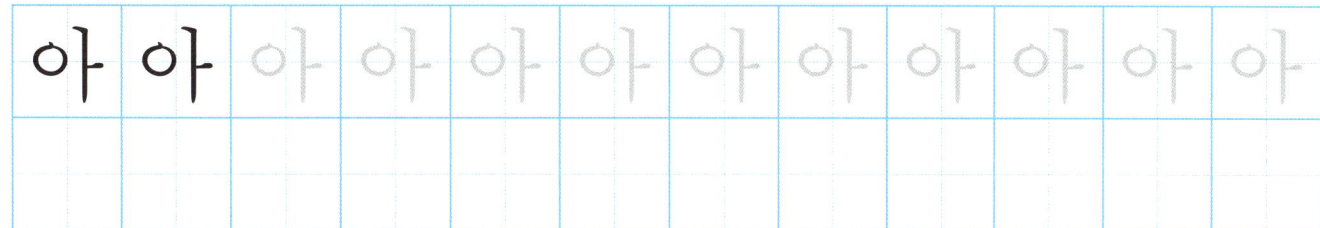

❷ 모음과 받침 쓰기

1단계 자음과 모음 연습하며 바른 글씨 익히기

① 자음 쓰기

자	자	자	자	자	자	자	자	자	자	자

② 모음과 받침 쓰기

준

저	져	조	죠	주	쥬	즈	지	죄	쥐
작	준	절	줌	접	줏	장	젖	짚	잖

① 자음 쓰기

차	차	차	차	차	차	차	차	차	차	차

② 모음과 받침 쓰기

처	쳐	초	쵸	추	츄	츠	치	채	체	최	취
착	춘	출	참	첩	첫	충	찾	찮	찰	첨	총

❶ 자음 쓰기

카	카	카	카	카	카	카	카	카	카	카	카

❷ 모음과 받침 쓰기

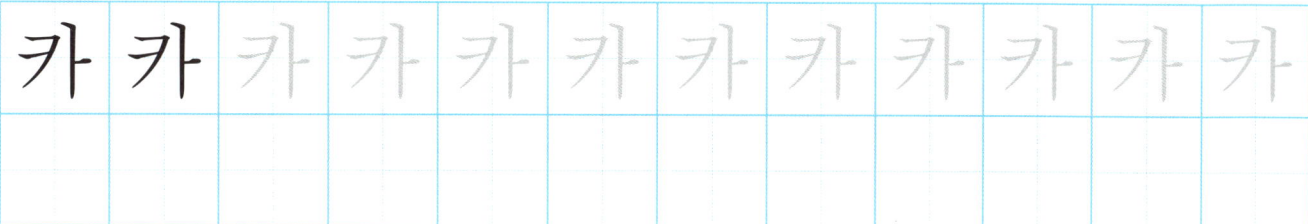

❶ 자음 쓰기

타	타	타	타	타	타	타	타	타	타	타	타

❷ 모음과 받침 쓰기

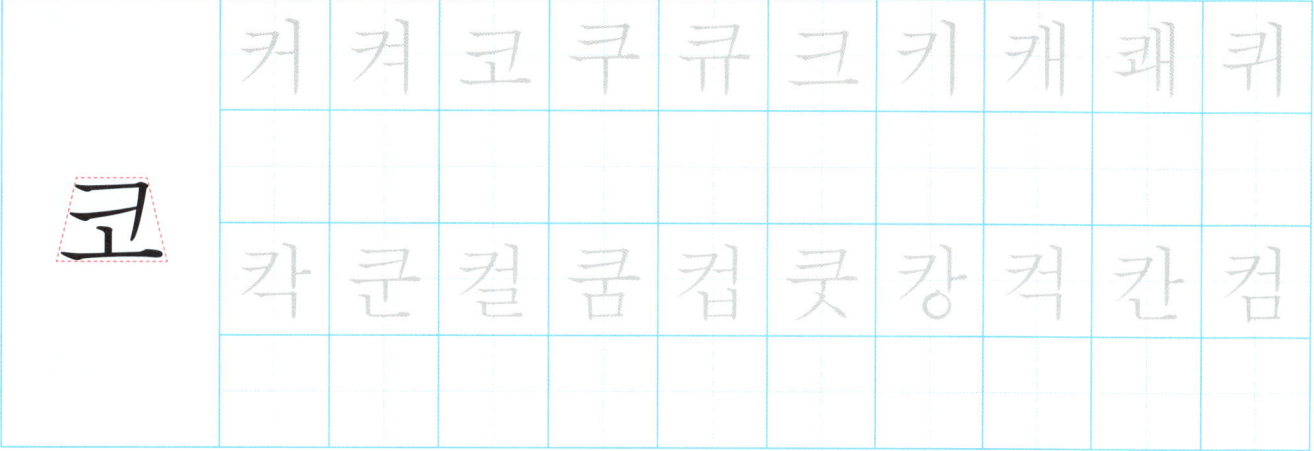

1단계 자음과 모음 연습하며 바른 글씨 익히기

❶ 자음 쓰기

| 파 | 파 | 파 | 파 | 파 | 파 | 파 | 파 | 파 | 파 | 파 |

❷ 모음과 받침 쓰기

| 퍼 | 펴 | 포 | 표 | 푸 | 퓨 | 프 | 피 | 패 | 페 | 폐 | 퓌 |

| 팍 | 푼 | 풀 | 품 | 펍 | 풋 | 펑 | 팥 | 퍽 | 편 | 필 | 퐁 |

❶ 자음 쓰기

| 하 | 하 | 하 | 하 | 하 | 하 | 하 | 하 | 하 | 하 | 하 |

❷ 모음과 받침 쓰기

| 허 | 호 | 효 | 후 | 휴 | 흐 | 히 | 해 | 혜 | 회 |

| 호 | 학 | 훈 | 훌 | 함 | 협 | 홋 | 헝 | 흑 | 핣 | 힌 |

24

❶ 자음 쓰기

까 까 까 까 까 까 까 까 까 까 까 까

❷ 모음과 받침 쓰기

꼼

꺼 껴 꼬 꾸 끄 끼 깨 께 꽈 꽤

깍 꼰 꿀 꼼 깝 꿋 깡 꼿 격 꾼

❶ 자음 쓰기

따 따 따 따 따 따 따 따 따 따 따 따

❷ 모음과 받침 쓰기

떠 또 뚜 뜨 띠 때 떼 똬 뙈 뙤 뛰 띄

떡 떤 뚤 땀 떳 뚱 뚫 뚝 딴 똘 땀 떵

2단계 교과서 낱말 쓰기

❶ 받침이 없는 글자

주의할 글자:

✏️ 큰 소리로 읽으며 따라 써 보세요.

가	위	가	위	가	위	가	위
가	위	가	위	가	위	가	위

모	자	모	자	모	자	모	자
모	자	모	자	모	자	모	자

바	지	바	지	바	지	바	지
바	지	바	지	바	지	바	지

□안에서 알맞은 글자를 골라 넣고 따라 써요.

보기

아 구 고 지 모 시 마 나 차

| 개 | 네 | 계 | 례 | 야 |

| 고구 | 도라 | 저씨 | 개리 |

2단계 교과서 낱말 쓰기

주의할 글자:

✏️ 큰 소리로 읽으며 따라 써 보세요.

기	차	기	차	기	차	기	차
기	차	기	차	기	차	기	차

사	과	사	과	사	과	사	과
사	과	사	과	사	과	사	과

크	레	파	스	크	레	파	스
크	레	파	스	크	레	파	스

✏️ 다음 단어에 받침자를 넣어 새로운 글자를 만들어요.

무	ㄱ	
	ㄴ	
	ㄹ	

도	ㄴ	
	ㄹ	
	ㅊ	

지	ㅁ	
	ㅂ	
	ㅍ	

바	ㄹ	
	ㅁ	
	ㅇ	

✏️ 서로 반대되는 단어끼리 선을 연결해 주세요.

길다 •   • 적다

깊다 •   • 짧다

높다 •   • 얕다

많다 •   • 낮다

2단계 교과서 낱말 쓰기

주의할 글자 바 토

✏️ 큰 소리로 읽으며 따라 써 보세요.

| 바 | 나 | 나 | 바 | 나 | 나 | 바 | 나 | 나 |
| 바 | 나 | 나 | 바 | 나 | 나 | 바 | 나 | 나 |

| 지 | 우 | 개 | 지 | 우 | 개 | 지 | 우 | 개 |
| 지 | 우 | 개 | 지 | 우 | 개 | 지 | 우 | 개 |

| 토 | 마 | 토 | 토 | 마 | 토 | 토 | 마 | 토 |
| 토 | 마 | 토 | 토 | 마 | 토 | 토 | 마 | 토 |

✏️ 순서에 맞게 문장을 만들어요.

합니다 / 설거지를 / 어머니가
▶

영석이가 / 일찍 / 갑니다 / 학교에 / 아침
▶

놀았습니다 / 신나게 / 놀이터에서 / 나는
▶

구름이 / 하얀 / 떠 / 있습니다 / 둥실둥실
▶

활짝 / 화단에 / 피었습니다 / 장미꽃이
▶

✏️ 문장에 맞는 낱말을 골라 동그라미 하세요.

사과는 (파랗다 / 빨갛다 / 노랗다)

바다는 (파랗다 / 빨갛다 / 노랗다)

참외는 (파랗다 / 빨갛다 / 노랗다)

딸기는 (파랗다 / 빨갛다 / 노랗다)

하늘은 (파랗다 / 빨갛다 / 노랗다)

2단계 교과서 낱말 쓰기

주의할 글자 러 나

✏️ 큰 소리로 읽으며 따라 써 보세요.

| 기 | 러 | 기 | | 기 | 러 | 기 | | 기 | 러 | 기 | | 기 | 러 | 기 |

| 라 | 디 | 오 | | 라 | 디 | 오 | | 라 | 디 | 오 | | 라 | 디 | 오 |

| 소 | 나 | 무 | | 소 | 나 | 무 | | 소 | 나 | 무 | | 소 | 나 | 무 |

❷ 잠깐 쉬어가요

재미로 풀어보는 수수께끼

- 아파트 20층에서 떨어지다가 나무에 걸려 살아난 사람은? ➔ 덜떨어진 사람

- 날마다 이상한 것만 쳐다보는 사람은? ➔ 치과의사

- 공부해서 남 주는 사람은? ➔ 선생님

- 까만 것을 칠하면 칠할수록 더 깨끗해지는 것은? ➔ 검정 구두

- 하늘을 마구 날아다니는 개는? ➔ 날개

- 비가 자신을 소개할 때 뭐라고 할까요? ➔ 나비야

- 올림픽 경기에서 권투를 가장 잘하는 나라는? ➔ 칠레

- 쓰레기통을 거꾸로 하면? ➔ 쓰레기가 쏟아진다

- 조금 전에 울고 또 우는 여자는 뭐라고 할까요? ➔ 아까운 여자

- 초등학생들이 가장 좋아하는 동네는? ➔ 방학동

- 문은 문인데 닫지 못하는 문은? ➔ 소문

- 우리나라 역사상 가장 사치스러웠던 왕비는? ➔ 낭비

- 입으로 먹지 않고 귀로 먹는 것은? ➔ 욕

3단계 헷갈리는 맞춤법 따라 쓰며 글씨 익히기

대장장이 / 수다쟁이

- -장이: '대장장이'처럼 기술을 가진 사람에게는 -장이를 붙여요.
- -쟁이: 기술을 가진 사람 외의 낱말에는 -쟁이를 붙여요.

| 대 | 장 | 장 | 이 | | 대 | 장 | 장 | 이 | | 대 | 장 | 장 | 이 |

-장이: 기술을 가진 사람에게는 '장이'를 붙여요.

| 수 | 다 | 쟁 | 이 | | 수 | 다 | 쟁 | 이 | | 수 | 다 | 쟁 | 이 |

-쟁이: 기술을 가진 사람 외의 낱말에는 '쟁이'를 붙여요.

검은색 / 하얀색

- 검은색: 밤처럼 깜깜하고 어두운 빛깔을 말해요. 흔히 검정색이라고 하는데 '검은색'이 표준어입니다.
- 하얀색: 눈처럼 희고 밝은색을 뜻합니다.

| 검 | 은 | 색 | 검 | 은 | 색 | 검 | 은 | 색 | 검 | 은 | 색 |

검은색: 밤처럼 깜깜하고 어두운 빛깔

| 하 | 얀 | 색 | 하 | 얀 | 색 | 하 | 얀 | 색 | 하 | 얀 | 색 |

하얀색: 눈처럼 희고 밝은색

3단계 헷갈리는 맞춤법 따라 쓰며 글씨 익히기

중태 / 중퇴

- 중태: 생명이 위태롭거나 병이 무거운 상태를 말해요.
- 중퇴: 학교를 졸업하지 않고 중간에 그만두는 것을 뜻해요.

| 중태 | 중태 | 중태 | 중태 | 중태 | 중태 |

중태: 생명이 위태롭거나 병이 무거운 상태

| 중퇴 | 중퇴 | 중퇴 | 중퇴 | 중퇴 | 중퇴 |

중퇴: 학교를 졸업하지 않고 중간에 그만두는 것

덥다 / 덮다

- 덥다: 기온이 높아 쾌적하지 않은 것을 '덥다'라고 합니다.
- 덮다: 물건을 보이지 않게 가리거나 씌우는 것을 말합니다.

| 덥다 | 덥다 | 덥다 | 덥다 | 덥다 | 덥다 |

덥다: 기온이 높아 쾌적하지 않은 것

| 덮다 | 덮다 | 덮다 | 덮다 | 덮다 | 덮다 |

덮다: 물건을 보이지 않게 가리거나 씌우는 것

3단계 헷갈리는 맞춤법 따라 쓰며 글씨 익히기

작열 / 작렬

- 작열: 태양이 뜨겁거나 불이 활활 타오르는 것을 의미해요.
- 작렬: 무언가가 폭발하거나 널리 퍼지는 것을 말해요.

| 작열 | 작열 | 작열 | 작열 | 작열 | 작열 |

작열: 태양이 뜨겁거나 불이 활활 타오르는 것

| 작렬 | 작렬 | 작렬 | 작렬 | 작렬 | 작렬 |

작렬: 무언가가 폭발하거나 널리 퍼지는 것

빗다 / 빚다

- 빗다: 빗과 같은 것으로 고르게 정리하거나 단정히 하는 것을 의미합니다.
- 빚다: 재료를 반죽하여 음식을 요리하는 것을 '빚다'라고 합니다.

빗다: 빗과 같은 것으로 고르게 정리하거나 단정히 하는 것

빚다: 재료를 반죽하여 음식을 요리하는 것

3단계 헷갈리는 맞춤법 따라 쓰며 글씨 익히기

결재 / 결제

- 결재: 윗사람이 아랫사람이 제출한 서류나 안건을 허락하는 걸 말해요.
- 결제: 돈 등을 주고받거나 거래 관계를 끝맺는 것을 말해요.

| 결재 | 결재 | 결재 | 결재 | 결재 | 결재 |

결재: 윗사람이 아랫사람이 제출한 서류나 안건을 허락하는 것

| 결제 | 결제 | 결제 | 결제 | 결제 | 결제 |

결제: 돈 등을 주고받거나 거래 관계를 끝맺는 것

공깃밥 / 하굣길

- 공깃밥: 작은 그릇에 담긴 밥을 공깃밥이라고 합니다. 공깃밥은 '공기'와 '밥'으로 이뤄졌으므로 사이시옷을 붙여 씁니다.
- 하굣길: 학교를 마치고 집으로 가는 길을 말해요. 하교+길이므로 사이시옷을 넣어요.

| 공 | 깃 | 밥 | 공 | 깃 | 밥 | 공 | 깃 | 밥 | 공 | 깃 | 밥 |

공깃밥: 작은 그릇에 담긴 밥

| 하 | 굣 | 길 | 하 | 굣 | 길 | 하 | 굣 | 길 | 하 | 굣 | 길 |

하굣길: 학교를 마치고 집으로 가는 길

4단계 속담으로 문장 따라 쓰기

✏️ 따라 쓰며 속담을 익혀요.

| 새 | | 발 | 의 | | 피 | | | | | |

 새의 발은 작고 가늘죠? 거기서 나오는 피 또한 적은 양이겠죠? 새 발의 피는 아주 적은 양이나 사소한 일을 일컫는 말입니다.

새 발의 피

✏️ 따라 쓰며 속담을 익혀요.

| 귀 | 신 | 이 | | 곡 | 할 | | 노 | 릇 | | |

 '곡하다'는 크게 소리 내어 우는 것을 말해요. 귀신도 울 정도로 그 일이 황당하고 신기하다는 의미입니다.

귀신이 곡할 노릇

✏️ 따라 쓰며 속담을 익혀요.

| 입 | 에 | | 맞 | 는 | | 떡 | 은 | | 구 | 하 | 기 | ✓ |

| 어 | 렵 | 다 | . |

 맛있는 음식은 구하기 어렵듯이 마음에 맞는 친구나 물건을 얻는 것이 쉽지 않다는 뜻이에요.

입에 맞는 떡은 구하기 어렵다.

✏️ 따라 쓰며 속담을 익혀요.

| 물 | 고 | 기 | 는 | | 물 | 을 | | 떠 | 나 | | 살 | ✓ |

| 수 | | 없 | 다 | . |

 물고기가 물이 없으면 살 수 없듯이 사람도 자신의 터전과 떨어질 수 없음을 말해요.

물고기는 물을 떠나 살 수 없다.

4단계 속담으로 문장 따라 쓰기

✏️ 따라 쓰며 속담을 익혀요.

| 비 | | 오 | 는 | | 날 | | 장 | 독 | | 열 | 기 |

| 비 | | 오 | 는 | | 날 | | 장 | 독 | | 열 | 기 |

 비 오는 날에 고추장, 된장이 들어 있는 항아리 뚜껑을 열면 비가 들어가겠죠? 이치에 맞지 않거나 황당한 행동을 할 때 사용하는 속담입니다.

비 오는 날 장독 열기

✏️ 따라 쓰며 속담을 익혀요.

| 떡 | | 본 | | 김 | 에 | | 제 | 사 | | 지 | 낸 |

| 다 | . |

 제삿날이 되지 않았는데, 우연히 떡이 생겨 그 기회를 놓치지 않고 제사를 지내는 것을 말해요. 즉 필요한 것이 있을 때 하려고 했던 일을 해치운다는 뜻입니다.

떡 본 김에 제사 지낸다.

따라 쓰며 속담을 익혀요.

호	랑	이		없	는		골	에		토	끼
가		왕		노	릇		한	다	.		

 호랑이와 같이 강하고 뛰어난 사람이 없는 곳에서 토끼처럼 약하고 능력 없는 사람이 잘난 체 하는 걸 말해요.

호랑이 없는 골에 토끼가 왕 노릇 한다.

 따라 쓰며 속담을 익혀요.

귀	신		씻	나	락		까	먹	는		소
리											

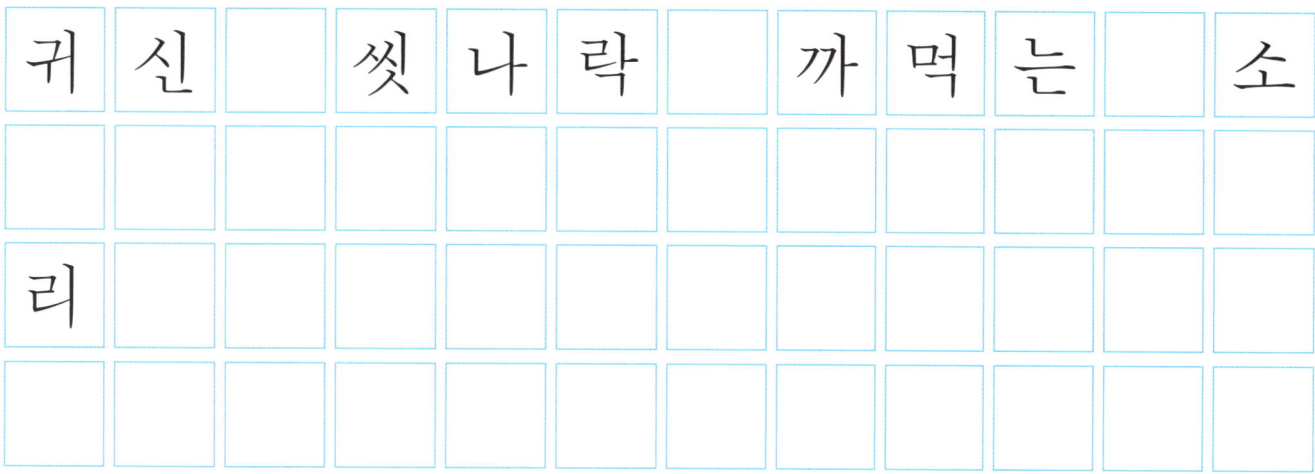

'씻나락'은 볍씨의 사투리입니다. 말도 안 되거나 엉뚱한 소리를 할 때 비유적으로 사용합니다.

귀신 씻나락 까먹는 소리

4단계 속담으로 문장 따라 쓰기

✏️ 따라 쓰며 속담을 익혀요.

하	나	만		알	고		둘	은		모	른
다	.										

 어떠한 문제에 대해 한 면만 보고 두루 보지 못한다는 말로, 생각이 좁아서 전체적으로 보지 못하는 것을 뜻해요.

하나만 알고 둘은 모른다.

✏️ 따라 쓰며 속담을 익혀요.

옷	은		새		옷	이		좋	고		사
람	은		옛	사	람	이		좋	다	.	

 옷과 같은 물건은 헌것보다 새것이 좋지만, 친구와 같은 사람은 오래 사귈수록 더 정이 깊다는 말입니다.

옷은 새 옷이 좋고 사람은 옛사람이 좋다.

✏️ 따라 쓰며 속담을 익혀요.

| 설 | 마 | 가 | | 사 | 람 | | 잡 | 는 | 다 | . |

 '설마'는 '아무리 그러하다 하더라도', '그럴 리가 없지만 혹시'라는 뜻이 있어요. 마음을 편히 놓고 있다가 문제가 생긴다는 뜻입니다.

설마가 사람 잡는다.

✏️ 따라 쓰며 속담을 익혀요.

| 고 | 기 | 도 | | 먹 | 어 | | 본 | | 사 | 람 | 이 ✓ |
| 많 | 이 | | 먹 | 는 | 다 | . |

 고기와 같은 음식도 자주 먹어 본 사람이 맛을 잘 알고 친숙해서 더 잘 먹는답니다. 이 속담은 무슨 일이든지 하던 사람이 더 잘하기 마련이라는 뜻입니다.

고기도 먹어 본 사람이 많이 먹는다.

4단계 속담으로 문장 따라 쓰기

 따라 쓰며 속담을 익혀요.

방	귀	가		잦	으	면		똥		싸	기	✓
쉽	다	.										

어떤 일과 관련 있는 일이 자주 생기면, 마침내 그 일이 생기기 마련이라는 뜻입니다.

방귀가 잦으면 똥 싸기 쉽다.

 따라 쓰며 속담을 익혀요.

세		살		난		아	이		물	가	에	✓
놓	은		것		같	다	.					

어린아이를 물가에 내놓으면 물에 빠질까 봐 걱정되듯이 위험해서 마음을 편히 할 수 없음을 이르는 말입니다.

세 살 난 아이 물가에 놓은 것 같다.

따라 쓰며 속담을 익혀요.

먼		사	촌	보	다		가	까	운		이
웃	이		낫	다	.						

멀리 떨어진 곳에 사는 친척보다는 가까운 곳에 사는 이웃이 더 친하며, 서로 도울 수 있다는 말이에요.

먼 사촌보다 가까운 이웃이 낫다.

 따라 쓰며 속담을 익혀요.

비		맞	은		장	닭		같	다	.	
비		맞	은		장	닭		같	다	.	

볼품없이 축 처지거나 기운이 없어 풀이 죽은 상태를 뜻해요.

비 맞은 장닭 같다.

4단계 속담으로 문장 따라 쓰기

✏️ 따라 쓰며 속담을 익혀요.

| 꿩 | | 구 | 워 | | 먹 | 은 | | 소 | 식 | | |

 전혀 연락이 없거나 무소식일 때를 가리키는 말. 옛날에는 꿩고기가 귀했기 때문에 소문 없이 친한 사람끼리 먹었다는 데서 유래한 말입니다.

꿩 구워 먹은 소식

✏️ 따라 쓰며 속담을 익혀요.

| 냉 | 수 | | 먹 | 고 | | 이 | | 쑤 | 시 | 기 | |

 냉수를 마셔 놓고 마치 고기를 먹은 것처럼 이를 쑤신다는 말로, 겉으로 있는 척하는 것을 비유하는 말입니다.

냉수 먹고 이 쑤시기

✏️ 따라 쓰며 속담을 익혀요.

여	우	가		죽	으	니	까		토	끼	가	✓
슬	퍼	한	다	.								

 토끼와 여우는 호랑이나 사자처럼 힘이 없는 동물이므로 같은 부류의 동물이라고 할 수 있어요. 그래서 여우가 죽으면 토끼가 동정한다는 의미로, 비슷한 처지인 사람끼리 슬퍼하거나 안타까워하는 것을 빗대어 하는 속담이에요.

여우가 죽으니까 토끼가 슬퍼한다.

✏️ 따라 쓰며 속담을 익혀요.

쥐	도		도	망	갈		구	멍	을		보
고		쫓	는	다	.						

 어려운 상황이나 궁지에 이른 사람을 강하게 밀어붙이지 말라는 뜻입니다.

쥐도 도망갈 구멍을 보고 쫓는다.

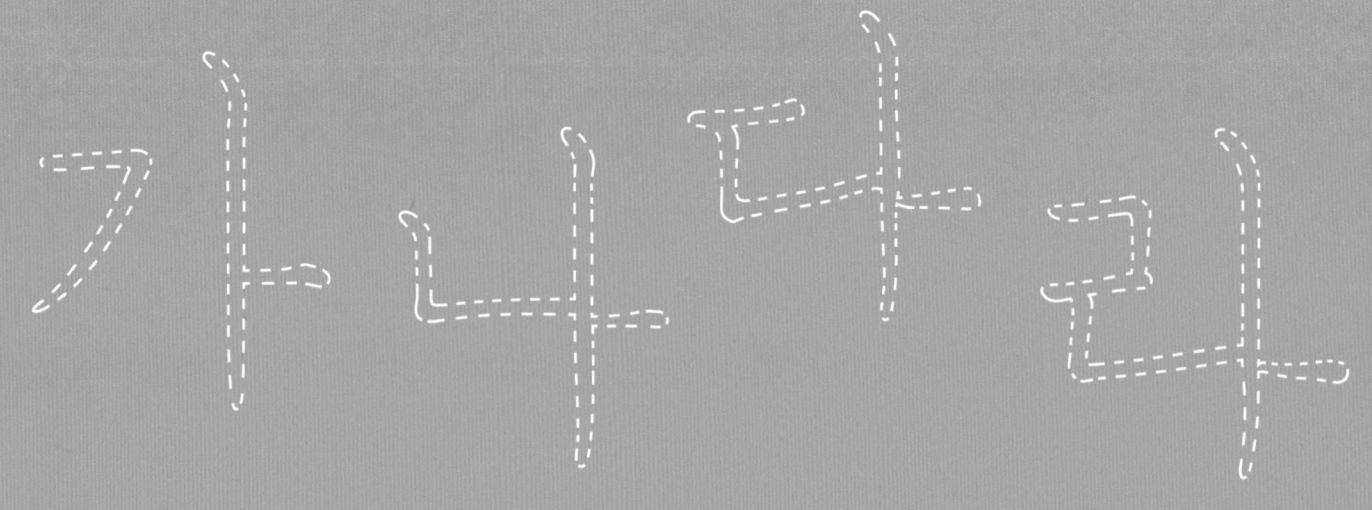

심 / 화 / 단 / 계
단정한 글씨체로 반듯한 글씨 연습하기

- **1단계** 자음과 모음 연습하며 단정한 글씨 익히기
- **2단계** 교과서 낱말 쓰기
- **3단계** 헷갈리는 맞춤법 따라 쓰며 글씨 익히기
- **4단계** 명언으로 문장 따라 쓰기

1단계 자음과 모음 연습하며 단정한 글씨 익히기

❶ 자음 쓰기

| 가 | 가 | 가 | 가 | 가 | 가 | 가 | 가 | 가 | 가 | 가 |

❷ 모음과 받침 쓰기

| 거 | 겨 | 고 | 교 | 구 | 규 | 그 | 기 | 계 | 괘 | 괴 | 귀 |

| 각 | 곤 | 걷 | 굴 | 곰 | 갑 | 곳 | 강 | 곶 | 갉 | 굶 | 괄 |

❶ 자음 쓰기

| 나 | 나 | 나 | 나 | 나 | 나 | 나 | 나 | 나 | 나 | 나 | 나 |

❷ 모음과 받침 쓰기

| 뉴 | 냐 | 너 | 녀 | 노 | 뇨 | 뉴 | 누 | 느 | 뇌 | 뉘 |
| | 낙 | 논 | 널 | 남 | 눕 | 낫 | 낮 | 넝 | 넜 | 낡 |

❶ 자음 쓰기

다	다	다	다	다	다	다	다	다	다	다	다

❷ 모음과 받침 쓰기

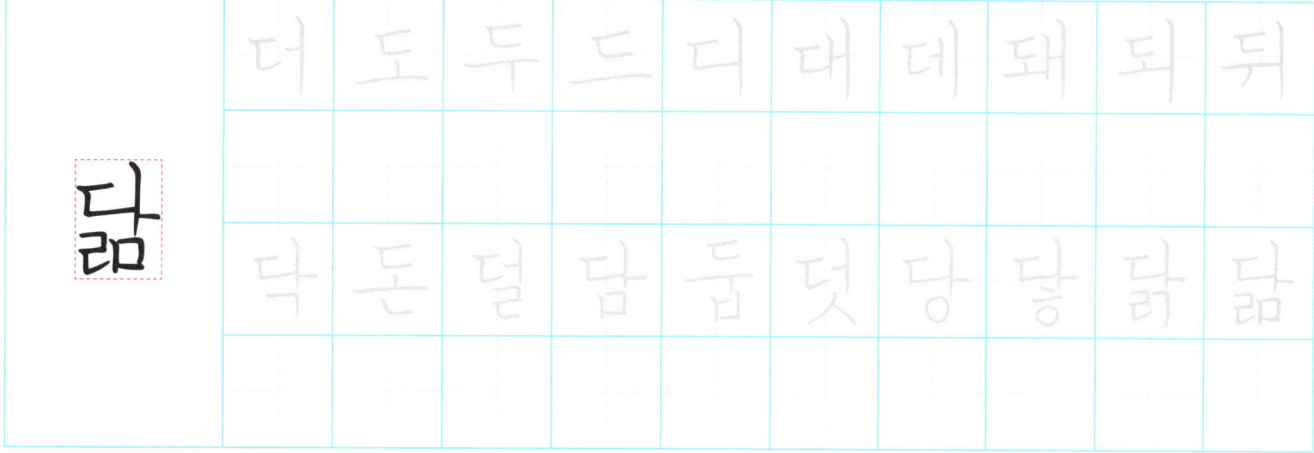

❶ 자음 쓰기

라	라	라	라	라	라	라	라	라	라	라	라

❷ 모음과 받침 쓰기

1단계 자음과 모음 연습하며 단정한 글씨 익히기

① 자음 쓰기

마	마	마	마	마	마	마	마	마	마	마

② 모음과 받침 쓰기

무	머	며	모	묘	무	뮤	므	미	매	뫼
	막	문	맏	멀	뭄	맙	멍	맞	못	맑

① 자음 쓰기

바	바	바	바	바	바	바	바	바	바	바

② 모음과 받침 쓰기

분	버	벼	보	부	뷰	브	비	봬	뵈	뷔
	박	분	받	벌	밤	법	벗	붕	붂	밟

❶ 자음 쓰기

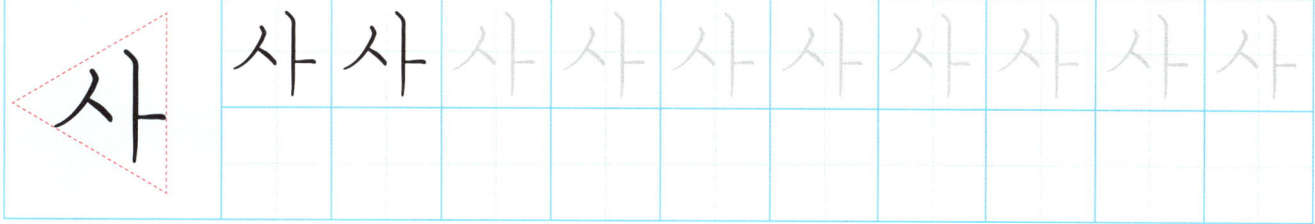

❷ 모음과 받침 쓰기

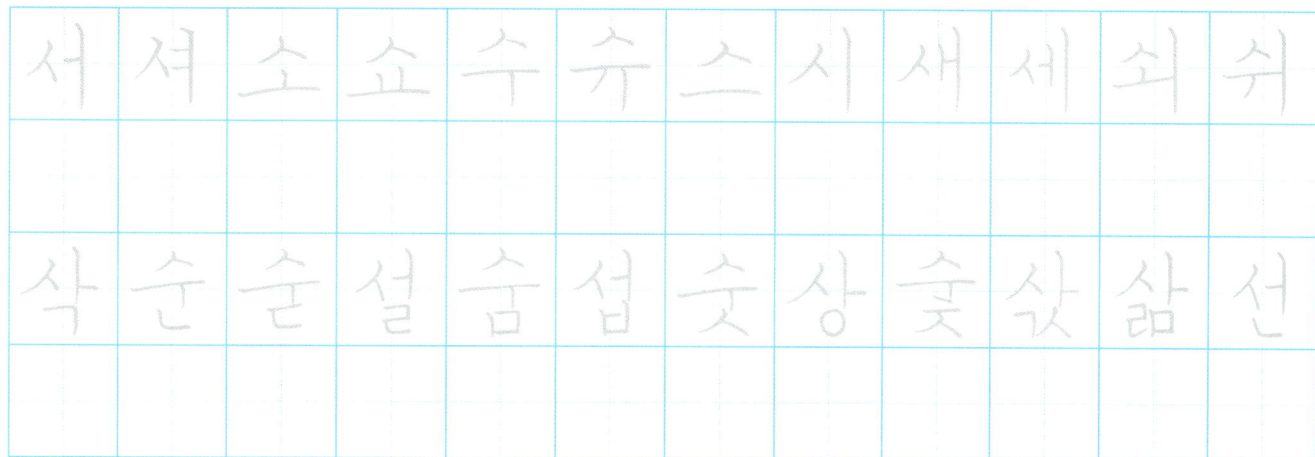

❶ 자음 쓰기

❷ 모음과 받침 쓰기

1단계 자음과 모음 연습하며 단정한 글씨 익히기

❶ 자음 쓰기

자	자	자	자	자	자	자	자	자	자

❷ 모음과 받침 쓰기

절	저	져	조	죠	주	쥬	즈	지	죄	쥐
	작	준	절	줌	접	줏	장	젖	짚	잖

❶ 자음 쓰기

차	차	차	차	차	차	차	차	차	차

❷ 모음과 받침 쓰기

처	쳐	초	쵸	추	츄	츠	치	채	체	최	취
착	춘	출	참	첩	첫	충	찾	창	찰	첨	총

① 자음 쓰기

카	카	카	카	카	카	카	카	카	카	카

② 모음과 받침 쓰기

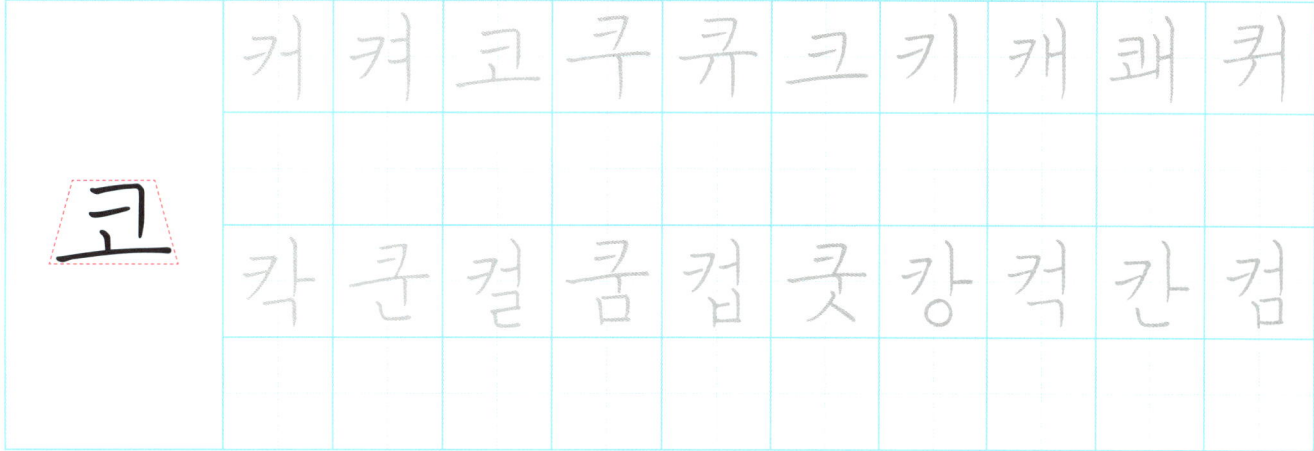

① 자음 쓰기

타	타	타	타	타	타	타	타	타	타	타

② 모음과 받침 쓰기

탕	터	토	투	튜	트	티	태	테	퇴	튀
	탁	툰	탈	툼	텁	툿	탕	턱	탄	틸

1단계 자음과 모음 연습하며 단정한 글씨 익히기

① 자음 쓰기

| 파 | 파 | 파 | 파 | 파 | 파 | 파 | 파 | 파 | 파 |

② 모음과 받침 쓰기

| 퍼 | 펴 | 포 | 표 | 푸 | 퓨 | 프 | 피 | 패 | 페 | 폐 | 퓌 |

| 팍 | 푼 | 풀 | 품 | 펍 | 풋 | 펑 | 팥 | 퍽 | 편 | 필 | 퐁 |

① 자음 쓰기

| 하 | 하 | 하 | 하 | 하 | 하 | 하 | 하 | 하 | 하 | 하 | 하 |

② 모음과 받침 쓰기

회

| 허 | 호 | 효 | 후 | 휴 | 흐 | 히 | 해 | 혜 | 회 |

| 학 | 훈 | 훌 | 함 | 협 | 훗 | 형 | 흙 | 핥 | 힌 |

❶ 자음 쓰기

| 빠 | 빠 | 빠 | 빠 | 빠 | 빠 | 빠 | 빠 | 빠 | 빠 | 빠 |

❷ 모음과 받침 쓰기

뿜

| 뻐 | 뼈 | 뽀 | 뾰 | 뿌 | 뷰 | 쁘 | 삐 | 빼 | 뻬 |

| 뻑 | 뿐 | 뿔 | 뿜 | 빵 | 뻑 | 뿐 | 뻘 | 뺨 | 뿡 |

❶ 자음 쓰기

| 짜 | 짜 | 짜 | 짜 | 짜 | 짜 | 짜 | 짜 | 짜 | 짜 | 짜 |

❷ 모음과 받침 쓰기

| 쩌 | 쪄 | 쪼 | 쭈 | 쯔 | 찌 | 째 | 쩨 | 쫘 | 쬐 | 쭤 | 쮜 |

| 짝 | 쩐 | 쩔 | 쭘 | 쩝 | 쯧 | 짱 | 쩍 | 짠 | 쭐 | 짬 | 찝 |

2단계 교과서 낱말 쓰기

❶ 받침이 있는 글자

주의할 글자: 동 연

| 동물 | 연필 | 점심 | 형님 | 생일 |

✏️ 다음 문장을 따라 써 보세요.

필통에 연필이 세 자루✓
있습니다.

오늘은 내 생일입니다.

✏️ 다음 단어에 받침자를 넣어 새로운 글자를 만들어요.

수	ㅁ	
	ㅊ	
	ㅍ	
나	ㄴ	
	ㅈ	
	ㅊ	
기	ㄹ	
	ㅁ	
	ㅅ	
벼	ㄱ	
	ㄹ	
	ㅇ	

✏️ 서로 반대되는 단어끼리 선을 연결해 주세요.

춥다 •   • 앉다

웃다 •   • 울다

서다 •   • 덥다

2단계 교과서 낱말 쓰기

주의할 글자 깃풀

| 깃발 | 풀밭 | 밥상 | 약속 | 풍선 |

깃발이 바람에 펄럭이고

풍선이 날아갑니다.

내일 만나자고 약속했습니다.

✏️ 알맞은 낱말을 골라 동그라미 하세요.

나와 희수는 나이가 같습니다.
나와 희수는 나이가 갔습니다.

거북이는 엉금엉금 느리게 움직였습니다.
거북이는 엉금엉금 늘이게 움직였습니다.

학교를 마치고 학원에 갔습니다.
학교를 맞히고 학원에 갔습니다.

한 칸을 띄고 써라.
한 칸을 띠고 써라.

✏️ 아래 문장에서 알맞은 단어를 골라 동그라미 하세요.

할머니는 조금 전에 (밥을 / 진지를) 드셨습니다.

어머니 (생일이 / 생신이) 내일입니다.

수업 시간에 모르는 것은 선생님께 (물어봐 / 여쭈어봐)

할아버지는 시골집에 (계십니다 / 있습니다)

2단계 교과서 낱말 쓰기

주의할 글자: 복사

| 선생님 | 복숭아 | 끝인사 | 물음표 |

✏️ 다음 문장을 따라 써 보세요.

선생님께서 칠판에 글을 ✓
씁니다.

편지를 쓸 때 끝인사를 ✓
잊지 말아야 해요.

□안에서 알맞은 글자를 골라 넣고 따라 써요.

보기

색 운 넘 꽃 점 장 축 동 얼

| 밭 | 현 | | 구 | 생 | | 동 |

줄 기 종 이 룩 말 문 구

2단계 교과서 낱말 쓰기

주의할 글자: 랑 글

| 살랑살랑 | 생글생글 | 폴짝폴짝 |

✏️ 다음 문장을 따라 써 보세요.

봄바람이 살랑살랑 불고 ✓

아기가 생글생글 웃어요.

개구리가 폴짝폴짝 뜁니다.

❷ 잠깐 쉬어가요

재미로 풀어보는 수수께끼

- 이 세상에서 가장 뜨거운 과일은? ▶ 천도복숭아
- 건망증이 심한 사람들이 올라가는 산은? ▶ 아차산
- 드라큘라 집안의 가훈은? ▶ 피는 물보다 진하다
- 중학생과 고등학생이 타는 차는? ▶ 중고차
- 세상에서 가장 쉬운 숫자는? ▶ 십구만
- 정원이 100명인 배에 5명밖에 타지 않았는데 가라앉고 말았어요. 그 이유는? ▶ 잠수함
- 인삼은 6년근일 때 캐는 것이 좋은데, 산삼은 언제 캐는 것이 제일 좋을까요? ▶ 보는 즉시
- 경찰서가 가장 많이 불타는 나라는? ▶ 불란서
- 물고기 중 가장 학력이 높은 물고기는? ▶ 고등어
- 아몬드가 죽으면? ▶ 다이아몬드
- 국사책을 뜨거운 난로 위에 놓으면? ▶ 불국사
- 문제가 많아서 문제투성이인 것은? ▶ 문제집
- 대부분의 식당에서 키우고 있는 개는? ▶ 이쑤시개

3단계 헷갈리는 맞춤법 따라 쓰며 글씨 익히기

꾸준히 / 단단히

- 꾸준히: 한결같이 성실한 자세를 '꾸준히'라고 표현합니다.
- 단단히: 강하고 굳센 상태나 마음을 '단단히'라고 합니다.

| 꾸 | 준 | 히 | | 꾸 | 준 | 히 | | 꾸 | 준 | 히 | | 꾸 | 준 | 히 |

꾸준히: 한결같이 성실한 자세

| 단 | 단 | 히 | | 단 | 단 | 히 | | 단 | 단 | 히 | | 단 | 단 | 히 |

단단히: 강하고 굳센 상태나 마음

꼽다 / 꽂다

- 꼽다: 숫자를 세거나 누군가를 가리켜 지정하는 것을 말해요.
- 꽂다: 넘어지지 않게 세우거나 찔러 놓는 것을 말합니다.

| 꼽다 | 꼽다 | 꼽다 | 꼽다 | 꼽다 | 꼽다 |

꼽다: 숫자를 세거나 누군가를 가리켜 지정하는 것

| 꽂다 | 꽂다 | 꽂다 | 꽂다 | 꽂다 | 꽂다 |

꽂다: 넘어지지 않게 세우거나 찔러 놓는 것

3단계 헷갈리는 맞춤법 따라 쓰며 글씨 익히기

베다 / 배다

- 베다: 날카로운 물건으로 무엇인가를 자르는 것을 뜻해요.
- 배다: 냄새나 액체가 스며드는 것을 말해요.

도넛 / 돈가스

- 도넛: 동그란 모양의 기름에 튀긴 과자인 도넛(doughnut)은 도너츠가 아니라 도넛이라고 해야 합니다.
- 돈가스: 돼지고기를 튀긴 음식을 돈가스라고 합니다.

도넛 도넛 도넛 도넛 도넛 도넛

도넛: 동그란 모양의 기름에 튀긴 과자

돈가스 돈가스 돈가스 돈가스

돈가스: 돼지고기를 튀긴 음식

3단계 헷갈리는 맞춤법 따라 쓰며 글씨 익히기

드리다 / 들이다

- 드리다: 윗사람이나 어른에게 물건을 주는 것을 말해요.
- 들이다: '들다'의 사동사(다른 사람에게 행동이나 동작을 하게 함을 나타내는 동사)로 바깥에서 안으로 들어오거나 사람을 새롭게 맞이하는 것을 말합니다.

묶다 / 묵다

- 묶다: 물건이나 사람을 끈 같은 것으로 서로 떨어지지 않게 매는 것을 뜻합니다.
- 묵다: 잠을 자거나 머무르는 것을 말합니다.

묶다: 끈 같은 것으로 서로 떨어지지 않게 매는 것

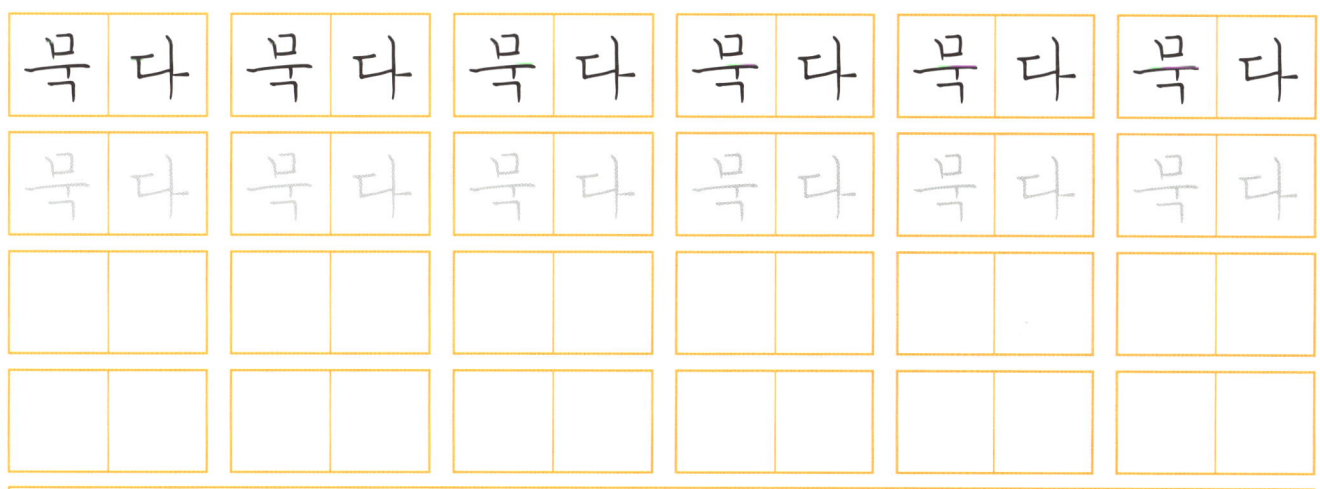

묵다: 잠을 자거나 머무르는 것

3단계 헷갈리는 맞춤법 따라 쓰며 글씨 익히기

벌이다 / 벌리다

- 벌이다: 어떤 일을 행하는 것을 뜻해요.
- 벌리다: 간격을 떨어뜨리는 것을 말해요.

| 벌 | 이 | 다 | 벌 | 이 | 다 | 벌 | 이 | 다 | 벌 | 이 | 다 |

벌이다: 어떤 일을 행하는 것

| 벌 | 리 | 다 | 벌 | 리 | 다 | 벌 | 리 | 다 | 벌 | 리 | 다 |

벌리다: 간격을 떨어뜨리는 것

젖다 / 젓다

- 젖다: 액체나 어떠한 것이 스며들어 축축하게 되는 것을 뜻합니다.
- 젓다: 골고루 섞이도록 돌리거나 좌우로 흔드는 것을 말해요. 둘 다 [전따]로 발음되지만 구분해서 사용해야 합니다.

젖다 젖다 젖다 젖다 젖다 젖다

젖다: 액체나 어떠한 것이 스며들어 축축하게 되는 것

젓다 젓다 젓다 젓다 젓다 젓다

젓다: 골고루 섞이도록 돌리거나 좌우로 흔드는 것

4단계 명언으로 문장 따라 쓰기

❶ 공부에 관한 명언과 명문장

인내는 쓰다. 그러나 그 열매는 달다.

인내는 쓰다. 그러나 그 열매는 달다.

배우기만 하고 생각하지 않으면 얻는 것이 없다.

배우기만 하고 생각하지 않으면 얻는 것이 없다.

오늘 배우지 않고서 내일이 있다고 말하지 말라.

오늘 배우지 않고서 내일이 있다고 말하지 말라.

오늘 할 수 있는 일을 내일로 미루지 말라.

늦더라도 잘하면 된다. / 구하는 자는 찾으리라.

하루라도 책을 읽지 않으면 입안에 가시가 돋는다.

4단계 명언으로 문장 따라 쓰기

앞서가는 방법의 비밀은 시작하는 것이다.

반걸음이 쌓이지 않으면 천 리에 이를 수 없다.

널리 배우고 뜻을 굳게 하면 인은 그 가운데 있다.

옛것을 익히고 새로운 것을 알면 스승이라고 할 수 있다.

옛것을 익히고 새로운 것을 알면 스승이라고 할 수 있다.

모든 실패는 성공으로 향하는 발걸음이다.

모든 실패는 성공으로 향하는 발걸음이다.

가장 유능한 사람은 가장 배움에 힘쓰는 사람이다.

가장 유능한 사람은 가장 배움에 힘쓰는 사람이다.

4단계 명언으로 문장 따라 쓰기

배우려고 하는 학생은 부끄러워해서는 안 된다.

일찍 일어나는 새가 벌레를 잡는다.

승리는 가장 끈기 있게 노력하는 사람에게 간다.

❷ 인성에 관한 명언과 명문장

착한 일은 마땅히 탐을 내고 나쁜 일은 즐기지 말라.

착한 일은 마땅히 탐을 내고 나쁜 일은 즐기지 말라.

잘못을 하고서도 고치지 않는 것, 이것이 바로 잘못이다.

잘못을 하고서도 고치지 않는 것, 이것이 바로 잘못이다.

진실은 짧은 답을 준다. 거짓말은 빙빙 돌아다닌다.

진실은 짧은 답을 준다. 거짓말은 빙빙 돌아다닌다.

4단계 명언으로 문장 따라 쓰기

만약 신이 한쪽 문을 닫으면 다른 쪽 문이 열린다.

친절한 말은 봄볕과 같이 따사롭다.

하루만 나쁜 짓을 해도 나쁜 일은 저절로 남는다.

지혜는 원만하게 하되 행동은 바르게 해야 한다.

지혜는 원만하게 하되 행동은 바르게 해야 한다.

눈물 흘리지 마라. 화내지 마라. 이해하라.

눈물 흘리지 마라. 화내지 마라. 이해하라.

친구에게 자주 충고하면 곧 멀어지게 된다.

친구에게 자주 충고하면 곧 멀어지게 된다.

4단계 명언으로 문장 따라 쓰기

부지런함은 값을 매길 수 없는 보물이다.

친구는 기쁨을 배로 만들고 슬픔을 반으로 줄여 준다.

자신을 용서하는 마음으로 남을 용서하라.

오늘 할 수 있는 일에 전력을 다하라.

현명한 사람은 기회를 행운으로 만든다.

사랑을 받으면 미움받을 것을 생각하라.

4단계 명언으로 문장 따라 쓰기

모든 사람을 사랑하고 그 일부를 신뢰하라.

모든 일은 마음먹기에 달렸다.

함부로 뱉은 말이 상대방의 가슴을 뚫는다.

초/등/바/른/글/씨
정답 보기

정답

27쪽

고개 / 네모 / 시계 / 차례 / 야구
고구마 / 도라지 / 아저씨 / 개나리

29쪽

묵 문 물 / 돈 돌 돗 / 짐 집 짚 / 발 밤 방

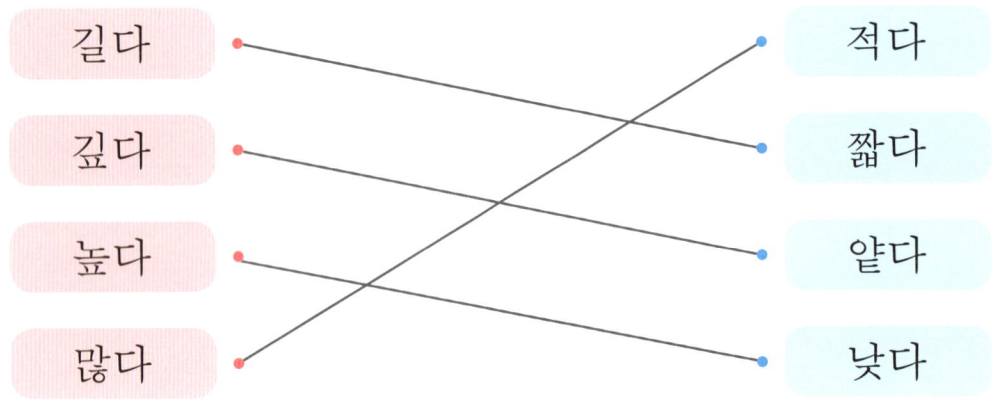

31쪽

어머니가 설거지를 합니다 / 영석이가 아침 일찍 학교에 갑니다 /
나는 놀이터에서 신나게 놀았습니다 / 하얀 구름이 둥실둥실 떠 있습니다 /
장미꽃이 화단에 활짝 피었습니다

사과는 빨갛다 / 바다는 파랗다 / 참외는 노랗다 / 딸기는 빨갛다 / 하늘은 파랗다

63쪽

숨 숯 숲 / 난 낮 낯 / 길 김 깃 / 벽 별 병

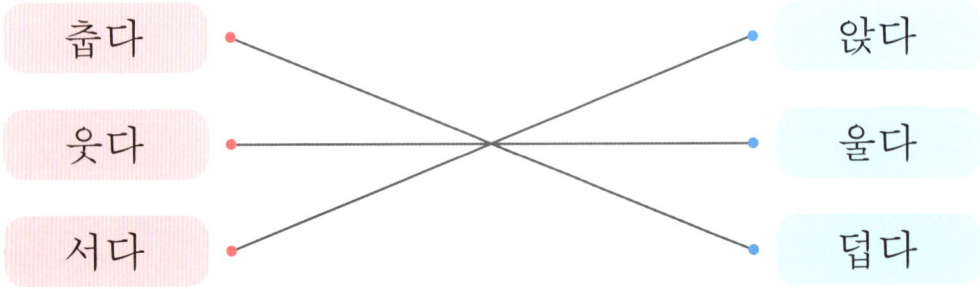

65쪽

같습니다 / 느리게 / 마치고 / 띄고
진지를 / 생신이 / 여쭈어봐 / 계십니다

67쪽

꽃밭 / 현장 / 축구 / 동생 / 운동
줄넘기 / 색종이 / 얼룩말 / 문구점

이 책은 세종대왕기념사업회에서 개발한
문체부 쓰기 정체 등을 사용하였습니다.

따라 쓰기로 배우는
초등 바른 글씨

초판 1쇄 발행 : 2017년 11월 1일
초판 2쇄 발행: 2018년 6월 15일

지은이 : 손글씨연구회
펴낸이 : 문미화
펴낸곳 : 도서출판 책읽는달
주　소 : 서울 서대문구 연희로 82, A동 301호
전　화 : 02)326-1961 / 02)326-0961
팩　스 : 02)326-0969
블로그 : http://blog.naver.com/bestlife114
출판신고 : 2010년 11월 10일 제25100-2016-000041호

ⓒ손글씨연구회, 2017

ISBN 979-11-85053-36-3 74370
ISBN 979-11-85053-12-7 (세트)

*이 책의 무단전재와 무단복제를 금하며, 책 내용의 전부 또는 일부를 이용하려면 반드시 책읽는달의 동의를 받아야 합니다.

*잘못된 책은 본사나 구입하신 곳에서 바꾸어 드립니다. 책값은 뒤표지에 있습니다.